はじめに

平成六年の秋、私はＮＨＫの「ラジオ談話室」という番組の中で、チーフアナウンサー横山義恭氏の質問に答えて話をしたことがあります。テーマは「法と山と私」という六日間連続のナマ放送でした。

その放送内容の録音テープを、最近になって文章に起こし、多少の加除・補正をほどこして制作した原稿がこの小著の台本になっています。

刊行にあたり、本の題名は『法と裁判のこころ』としましたが、内容は放送と同じく、自伝的部分のほか、著者じしんの体験と意見を中軸として国民の法意識や刑事裁判の実際を解説風に述べたものです。

〈法と裁判のこころ——目次〉

法と裁判のこころ

――元高裁裁判長の二十一世紀への提言

【第一日——月曜日】

父も裁判官
母は文学が大好き
病弱で内気な少年
高校、大学時代
奇跡的に戦死を免れる
司法官の道に復帰

【今週は「法と山と私」というテーマで、元東京高等裁判所判事、現在弁護士の岡村治信さんからお話をうかがうことになっております。

岡村さんは昭和二十三年に判事補になられ、戦後の有名な昭和電工事件を振り出しに三十五年間、おもに刑事裁判を担当されました。

岡村さんはまた同時に日本山岳会の会員でもあり、日本百名山を全部踏破された山男でもいらっしゃいます。今年七十六歳です。今日から五日間にわたり、ご本人の体験談を中心としていろいろお話をうかがいたいと思っております。

では岡村さん、どうぞよろしくお願いいたします】

こちらこそどうぞよろしく。

【なにせ、元とはいえ裁判官をこのような席にお迎えするのは初めてなので、とくに私は司法に関しては全くの素人で、的はずれの質問をしては、という不安と緊張と半々というところです。まず裁判官は、あまり人間的なことを公の席で発言されることは稀だと思いますが、これはなぜでしょうか】

そうですねえ。司法の仕事はいろいろな方面から注目を浴びていて、何か言うとすぐに批判の材料にされ、それが容易に裁判の信用にかかわってくるので、つい遠慮というか、消極的になるのではないでしょうか。

【お書きになったご本を拝見しますと、裁判官として三十五年お勤めになり、最後は東京高裁の長官代行で定年になられたようですが、退職された時に奥様はどう言われましたか】

どう言ったかあまり記憶にありませんが、たぶん「長いあいだご苦労さまでした」くらいのことは言われて、一家でささやかな祝膳を囲んだと思いますが、くわしいことはもう忘れました。夫婦の間では、お互いに分かりあっていますから、あまり言葉に現す必要もないということでしょうか。

【現役時代には、ご家族もたいへんだったでしょうね】

そうですね。終戦後の混乱期で、何といっても仕事が忙しく、しかも裁判所の設備もわるいので、仕事を自宅に持ち帰って夜おそくまで記録を読んだり、判決を書いたりしていたので、つい子供の養育や家事いっさいを家内に委せきりになってしまいました。

これはわれわれの仲間に共通のことで、裁判官の奥さんはほんとうに大変だということが、いつも話題になっていました。私は時には家庭サービスも心掛けたつもりですが、家内はどう思っていますか。

【岡村さんは、お父さまも裁判官だったそうですね。お父さまはどういう方でした】

ええ、父は私が終戦後に、旧制度による司法官試補の辞令をもらったのと同じ日に、新しい制度によって当時の大審院部長を退官になりました。

仕事としては民事裁判が専門でしたが、法律が飯より好きで、家ではいつも書斎にこもって仕事をしたり、論文を書いたりしていました。出身は栃木県の足利ですが、司法官になってからは、まさに仕事一辺到の人生だったといえるでしょう。

唯一の趣味は散歩で、私は小学生の頃から休日などにはよく散歩に誘われて、ずいぶんよく歩いたし、その間にいろいろのことを教わったという記憶があります。

例えば、休日には多摩川の西岸の丘陵地帯まで足を伸ばして暗くなるまで歩いたり、当時の築地の運河を貸しボートで漕ぎまわり、東京湾に出て遠くお台場で遊んだりしました。

【それで法律なども教わったのでしょうか】

いいや、まだ子供ですから、そうですね、いわば雑学ですかね、歴史上有名な政治家や事業家のことから、太陽が地平線に近づくと大きく見える理由とか、海の水はなぜ辛いか、なども話してくれました。

しかし私は、今でいう未熟児で生まれたため体格は小柄で、しばしば胃腸にトラブルを起こしては母に面倒をかけ、ずいぶん厳しく躾《しつ》けられたので、非常に内気な少年でしたね。

なお母は、ふだん家族と一緒にだんらんすることもほとんど無い父の態度が気に入らなかった様子で、私が大学に入ってからは、あなたはお父さんのような人でなく、もっと心を広く持つことが大事ですよとか、あなたは将来は法律ではなく文学の方がいいよ、純文学をやりなさい、などと言っていました。

私が見たところでも、母は例えば、日本文学全集とか直木三十五、徳富蘆花などの全集を、自分の書棚に並べてよく読んでいたようだし、歌舞伎がとても好きで、当時の尾上梅幸や市村羽左ヱ門の名場面を見たときには、興奮して夜眠れないことがあったなどと、私に話したこともあります。

【お母さまは文学が大好きで、法律はお嫌いだった？】

法律がきらいというより、日常のことでも理屈っぽく自説を主張する父の性格が気に入らなかったのではないでしょうか。

私が司法試験の準備をしていたころには、よく父に法律問題を持ち出して議論をしたのですが、とくに専門の民事については、父と意見が合わないことが多く、いつもやり込められてばかりいました。とくに債権法の分野では、父は異説が多いことで法曹界のみならず学界でも有名なほどでしたから、私ごとき初学者が太刀打ちできないのは当然でした。

それで私は、母や姉の居る前で、父と法律論をすることはわざと避けていたし、司法試験の時には、民事法の答案には父の意見にはふれず、もっぱら通説によって書くようにしたものです。

【岡村さんは、旧制の第一高等学校から東北帝国大学を卒業されたそうですが、東北に行かれたというのは、なぜですか】

私は高等学校時代には寮生活をしていたのですが、友人たちとの共同生活の中で大いに影響を受けて、人生の目的は何か、真理とは、理想、友情、信仰とは、などの根本問題に悩み、もともと内省的思索的な性格でもあったので、三年生の半ばころには当時の神経衰弱（今のノイローゼ）になったのです。そのため学校の勉強に対する意欲を失い、一年間の浪人を余儀なくされたのです。

そして、将来の進路について、高校時代にお世話になった教授に相談したところ、もともと文学、哲学方面に興味があるとみられたのでしょう。その教授のいわれるには、東北大学には夏目漱石の高弟といわれた阿部次郎とか小宮豊隆という立派な先生がおられて、やはり一高の先輩だから、そういう先生方の指導を受けたらいいだろうとの助言があったので、両親とも相談して、東北大学の法文学部の試験を受けたのです。

仙台では下宿生活でしたが、あそこは学園都市とも杜の都ともいわれて、自然が豊かで落ちつきがあって、私にとっては、まことに有り難く好ましい環境でした。そこで文学科の講義をきいたり、一高の先輩教授に直接お会いして、いろいろのご指導を受けたわけですが、文学、哲学方面の勉強、といっても、ほんの入門ていどですが、味わってみたところ、自分にはとても難しくて取っつき難い上に、その頃の社会状勢では、その科目の単位をとって卒業しただけでは、就職もきわめて困難だという実情が分かったのです。

そこでいろいろ考えた結果、法科を卒業すれば、就職も一応容易である。つまり、つぶしが利くというわけで、次善の策として法律科目の勉強に主力をおくのが得策だという結論になったのです。

それと同時に、法律というものが国民の日常生活や経済活動や治安の維持などすべての面で、実に細かい配慮をしていることを知り、そういう法を正しく運用することは非常に大切な仕事であると思うようになりました。

【それで、法律の勉強に転向されたわけですか】

転向といっても、法文学部では文学科、法律学科、政治学科のいずれでも、合わせて一定数の単位がとれれば卒業できるという制度になっていたので、私にとっては非常に好都合でしたから、二年、三年と進むにつれて法律科の必修科目に重点を移すようにして、結果的に司法試験（当時の高文司法科試験）の受験にも役立つような戦略を立てて、かなり力を入れて勉強しました。

【それで高文試験をいっぺんでパスされたのですね。それでも岡村さんは、司法畑にすぐに行かずに海軍に入られたのは、またどうしてですか】

それはですね、当時は日本国民たる男子は満二十歳になれば、必ず徴兵検査という審査を受けて、健康であれば一定の期間、軍隊に勤めなければならなかった。いわゆる兵役の義務ですね。ただし、学校教育を受けている者は学校を卒業するまでの間は、徴兵を猶予されることになっていたのです。

それで大学生は、大学を卒業したらすぐに徴兵検査を受けて、合格すれば原則として何年間かは陸軍に入隊して、厳しい訓練を受けなければならない。この訓練がまたはなはだ苛酷なもので、その肉体的、精神的苦痛は、刑務所の苦役以上とも言われていたほどです。

　でも昭和十三年ごろから、海軍に二年現役制度というのができて、原則として当時の大学教育を終了した者の中から、志願によって銓衡に合格した者を最初から士官（中尉）に任官させ、二年間の現役を勤めたら、大尉に昇級して予備役として社会に復帰させるというものでした。

　この制度には主計科、軍医科、技術科などの区別があり、それぞれの専門分野で習得したことが直ちに勤務に役立ち、しかも最下級の陸軍兵と違って、人事や給与の面でも、いわゆる職業軍人としての士官と同じ待遇が受けられるので、大学の法学部や経済学部を卒業した者は、こぞって主計科の二年現役士官の銓衡試験を受けたものです。

　とくに当時の高文試験に合格している者は有利な扱いを受けられるというので、私もさっそく受験したところ採用されて、大学を卒業する前に、つまり昭和十六年の四月には、海軍主計中尉に任官できることが決まっていたのです。

【でも、その頃はまだあんな大戦争は予想されていなかったでしょう？】

　もちろん、軍国主義的な気分はだいぶ進んではいましたが、国際関係はそれほど切迫したものではありませんでしたね。でもわれわれとしては、戦争に行くことを志願したわけでは毛頭なく、海軍はイギリスの海軍に倣っているので、ドイツ風の陸軍と違って隊内の生活も服装も上品でスマートで楽だし、若い女性にももてるので、そういう点を考えて志願したというのが正直なところですよ。まあ、そういうほんねはあんまり表には出しませんがね。

【あ、そういうことですか、その気持はよくわかりますね。それでも岡村さんのお仲間、二年現役の士官もずいぶん戦死されたようですね。お書きになった戦争体験記（光人社刊『青春の柩』）を拝見しますと、岡村さんはずいぶん多くの作戦に参加されて、危険な局面に立たされながら、よくも戦死せず無事に帰ってこられたものですね】

それはもう、本当に自分でもそう思いますね。私が親しくしていた同期の友人、つまり十六年四月に一緒に司法官試補になり、すぐに海軍主計科に移った人が私を入れて五人居たのですが、そのうち三人が戦死しましたし、高等学校のクラスメートで組対抗のボートレースの選手に選ばれ、寮の同室で生活を共にしながら練習や勉強に励んだ文字どおりの親友が七人居たのですが、そのうち二人は海軍で、三人は陸軍で戦死され、生きて帰ったのは私ともう一人、今でも大阪で弁護士をしている、その二人だけでした。

これなど、死亡の比率としてはきわめて高い方ですが、この戦争で蒙《こうむ》った人的損害がいかに大きかったかを物語っているといえるでしょう。

【それだけの修羅場を切りぬけてきた方たちに対しては、それぞれの戦争体験というものが、実に大きな影響を与えているのではないでしょうか。岡村さんご自身、どんなふうにお考えですか】

たいへんお答えしにくい質問ですが、私の場合は、生命の危険にさらされた回数は多いけれども、はなはだしい苦痛に耐えたとか、必死の努力、工夫、忍耐などで克服したというものではなく、全く偶発的というか、瞬間的な状況に助けられて命を拾った、というか、まあ、ほんとうに奇跡的という以外にないんですね。周囲で死傷した多くの戦友や南方の島に取り残されて、長い間の飢えや病気で苦しんだ同僚たちの体験にくらべれば、まだまだ甘いものだという気がします。

もっとも、軍人としてよりはおよそ人間として、いかに正しく立派に死ぬか、そのため毎日をどう生きたらいいか、などを考えて、夜も寝られないほど迷い悩んだこともずいぶんありました。

そうしたことが、戦後の私の生活や人間性にどういう影響をもったか、周囲の人たちからは土性骨ができているとか、落ちついているなどいろいろに見られたり言われたりしますが、自分じしんとしてはいまだに小さなことに拘泥したり、迷ったり、平凡な人間にすぎない、というのが正直なところですよ。

【戦争が終わった時は、どんなお気持でしたか】

まずホッとした気持ですね。日本が敗けることは当然予想していましたので、もう米軍の上陸も空襲もないだろう、これで死なずに済んだ、という安堵感ですね。これは、おそらく日本人の大多数の人が味わった実感ですよ。

でも、やがて日本の本土を敵が占領するだろう。そうすれば、どのような目にあうかわからない、という不安はありましたね。とくに私は、多くの作戦に参加した士官として処罰されるかも、ということは覚悟していました。

【戦争でいのちが助かり、司法官の道に戻られたので、お父さまはずいぶん悦ばれたでしょうね】

まあ後継者ができたということで、安堵したとは思いますが、父はそういう心境を私に面と向かってはっきり言ったという記憶はありません。

しかし、私が南太平洋の激戦地から北太平洋方面の艦隊に転勤になって、転任旅行の途中で東京の家に立ち寄って二、三日滞在したことがあります。その時には、ソロモン方面の戦況や私の戦闘体験などの話から、今度、北方の最前線に行ったら、とうてい生きて帰れないと思ったのでしょう、家を出発するときには、近くの駅まで送ってきて、駅のベンチで二人だけで、電車が来てもわざとやり過ごしていろいろ話をしたことがありました。

私は父にとってたった一人の息子でしたから、その時の心境は、私以上に深刻であったと思います。

【お母さまの方は、文学方面ではなく司法官に進まれたことについて、どう思われたのでしょうか】

そのことも、私の記憶ははっきりしていないのですが、姉のいうところによると、母は「治信はせっかく試験に受かって裁判官を希望していたのに、戦争などで死んでしまってはかわいそうだ」と、たびたび言っていたそうです。

もちろん母は、私が裁判官に任官したことに、不服など言ったことは一度もありません。蛙の子が蛙になった、というていどの心境でしょうかね。

【岡村さんの裁判官としてのお仕事については、おいおいうかがいますが、まず日本一の難関とされる司法試験に合格したあとも、さらに何回もの試験があってたいへんだったと思いますが、それは戦争の終わったあとでお受けになった……】

そうです。私は終戦の時には千葉県の館山にあった海軍航空隊の主計長として勤務していたので、外地勤務の人たちよりあんがい早く、昭和二十年の十二月上旬には海軍主計少佐として復員することができました。

軍籍を離れると、さっそく司法研修所に復帰する手続をとって、終戦後最初の司法官試補のクラスに入れてもらいました。

そして、今の品川区高輪の仮庁舎で研修授業が始まってみると、私のように終戦時以前に試補になって、途中から軍隊に入った連中が一つのクラスにまとめられていたので、兵隊の階級でいえば海軍少佐から陸軍の一兵卒までの混成部隊だったのです。

ほとんどの人がもとの軍服を着て、なんとなく動作もことばも軍隊調で気の荒い連中も多くて、教官のかたがたもおそれをなしていたようですが、勉強の方は折り目正しく几帳面なので、指導も楽だったという評判でした。ただ終戦後の食糧難のため、栄養が不足していたことはたしかです。

そんな状況で、一応正規の一年半の研修所生活を終わって、研修所の卒業試験に合格したのですが、占領軍の命令による公職審査の手続きに手間どっている間に、新憲法が施行になって司法制度もすっかり変わり、「東京地方裁判所判事補」の辞令が出たのは昭和二十三年の一月でした。

もちろん、まだ終戦後の混乱期で、自宅は空襲で危うく焼け残ったものの、食糧は乏しく、敗戦国のみじめさをたっぷりと味わわされていました。

このような中での新任裁判官としての公務は、意外に多忙であり、また厳しいものでした。


【その頃の日本の社会状勢は、われわれはよく分からないわけですが、裁判事件も多かったのでしょうか】


そうですね。刑事事件について言えば、忍び込み窃盗、家庭菜園荒らし、物価統制令違反、食糧管理法違反（ヤミ取引き）、それと、占領軍の指令に違反した政令違反事件も多かったですね。

それらのうち、合議事件になるものは、ぜんぶ新任判事補である私が主任になることになっていました。

したがって、役所では、それらの事件の公判立会いや合議、法律問題の調査研究などで忙しく、退庁後は訴訟記録を自宅に持ち帰って、書類の検討や、判決起案などで夜おそくまで仕事をしました。

それに加えて、私は足かけ五年にわたる海軍勤務による巨大な空白を取り戻すための勉強も心掛けねばならなかったわけです。

その反面、戦争の惨禍を運よく切り抜け、希望した天職に就くこともでき、いよいよ専門の道に精進しようとの抱負もあり、いわば新生の希望に充ちた日々でもあったと思います。

【それでは今日はこの程度にしまして、明日は担当されたお仕事について引き続きうかがいたいと思います】

【第二日――火曜日】

昭和電工事件の試練
その他印象に残った裁判
証拠判断と事実の認定
「強盗殺人」を逆転無罪に
法服談議
判決文を書く苦労
裁判の公平と迅速

【昨日は、岡村さんが裁判官に任官されたところまでうかがいましたが、任官初期の頃に担当された多くの事件のうちでは、昭和電工事件が最も印象に残っているということですが、どういう点で心に残っているのでしょうか】

それは、私が裁判官になりたての頃で、あんな重要な事件を担当することが果たしてできるのかという不安感がありましたね。内閣総理大臣まで勤めた芦田均氏、社会党の書記長だった西尾末広氏その他政界、財界の上層部の人たちを含め被告人の総勢は三十六名、起訴前に逮捕された人はたしか六十何名という、典型的なマンモス疑獄事件でした。

念のためにこの事件の時代背景を言いますと、わが国の敗戦後の国民生活を立てなおすには、何よりも食糧の増産が急務であり、そのために化学肥料の大量生産が最優先の国策とされていました。

一方、従前から化学肥料製造の大手会社であった昭和電工株式会社（「昭電」と略称される）は、その国策に協力するため、戦災により破壊された工場設備の復旧と増設に必要な巨額の資金を借り入れる必要に迫られていたのです。

そこで昭電の経営陣は、戦後設立された復興金融金庫をはじめ有力な市中銀行、大蔵省の関係部局の幹部や国会議員などに対する大規模な贈賄作戦を展開したのです。この贈収賄を発端として、関連する特別背任、経済罰則違反、政令違反などの事犯がいもづる式に発覚したその全体が、戦後最大の疑獄事件として世の注目を浴びていたのです。

なお一般に疑獄事件とは、おもに政・財界の要人が関わっている贈収賄の疑惑でその審理判断の困難な事件をいう、とされています。

手もとのメモによりますと、公判審理は、すべてを三つのグループに分け、昭和二十四年五月に第一回公判を開いて二十六年十二月に全事件の弁論を終わるまでの間、公判回数は三百二回、取り調べた証人は四百七十人ほどでした。

とにかく、これだけの事件を、判決宣告後のあと始末まで含めてまる四年間で処理したことは、日本の裁判史上空前のことと言われました。担当の裁判官は、いちばん若かった私を含め、みんな過労のために心身に故障を起こして、一時はどうなることかと心配でした。

判決文も当然のこと、全部合わせれば四百字詰め原稿用紙で二千二百枚を超えるほどでした。

【それはたいへんな分量ですね。いまなら、立派な大河小説ですよ】

そのころはもちろん、日本社会全体が敗戦後の激動期にあって、このような政治がらみの巨大事件だから、進駐軍をはじめ何らかの外部勢力から圧力、干渉があるのではないかと私は漠然と考えていたのですが、判決宣告を終わるまで全く何の介入もなく、われわれは完全に自由に、安心して事件処理を終えることができ、私は自分の認識不足を恥じるとともに、日本の司法部が公正、安泰で信頼するに足りることを確信しました。この確信は、私の長い裁判官生活を通じて、いささかもゆるがなかったことを断言することができます。

【その他、記憶に残る裁判といいますと……】

そうですね。疑獄事件としては、昭和三十年代の終わりごろの武州鉄道事件ですね。これは当時の国鉄中央線の三鷹駅から秩父市まで、民間の資本で民営鉄道を敷設する計画があって、その設立発起人総代から時の運輸大臣に対し早期、有利な免許を依頼して、数回にわたり多数の賄賂を贈ったという贈・収賄事件を中心として、その資金の調達をめぐって発生した金融・贈収賄・特別背任などの犯罪を含むものです。

事件の規模としては、昭和電工事件の三分の一程度でしたね。被告人の数は十二名ですが、この種の事件の常としておおむね公訴事実を否認し、検察側と被告弁護側の主張は鋭く対立していたので審理もかなり長く、四年近くかかったと思います。事実認定にもきわめて微妙なものが多かったという記憶です。判決の結果は、有罪六名、無罪六名でした。

一般事件では、実にさまざまな、中味の濃く奇妙な事件、人間の運命の不可解を思わせるものなどが意外と多いですね。

事実は小説よりも奇なり、とも言われますが、そのような事件にぶつかると、事実認定の困難さもさることながら、人間や人間社会の不思議さに思わず嘆息するほどです。有名な日本勧業銀行大森支店の強盗殺人事件も、そういう意味で最も強く私の記憶に焼きついています。

この事件は、私が東京高裁の裁判長として担当した多くの事件の中でもいちばん苦労しただけに、今でも強く印象に残っています。

昭和四十五年、品川区大森駅近くの日本勧業銀行大森支店の地下室で、夜間、一人で宿直中の行員が殺害されたというものです。当時二十一歳の某が犯人であるとして強盗殺人で起訴され、東京地裁の第一審では有罪で、無期懲役に処せられたのですが、被告人が控訴して、高裁では慎重審理の結果、逆転無罪の判決を宣告しました。

【そうですね。その事件は新聞でも大きく報道されたので、私も記憶があります。このような重大事件、しかも無期懲役が一転無罪というのは、きわめて異例のことではないでしょうか】

たしかに、裁判史上ほとんど例のないきわめて珍しいことであったようです。控訴事件ですから、第一審の公判手続の経過や取り調べた証拠などは、ぜんぶ記録に載っていますから、それをくわしく検討すると、被告人は法廷で終始一貫して犯行を否認しているのに、弁護側は、国選弁護人が一人ついているだけで、しかも防御活動をほとんどしていないのです。

そのため、証拠調べなど重要な審理手続きはすべて検察側のペースで行なわれ、裁判官は、検察側の提出した証拠、とくにその中に含まれている自白調書によって比較的気楽に有罪を認めたような印象でした。

ところが、控訴審になってからは、被告人はさらに強硬に否認し、しかも若手の私選弁護人が五、六人もついて熱心な弁護活動を展開しました。

あとでよく分かったことですが、弁護人は訴訟上の問題点を細かく分析し、手分けをして事実関係を徹底的に洗い直した結果、被告人にとって有利な証拠がぞくぞく出てきたんですね。とくに捜査段階での被告人の自白は、捜査官の強制や脅迫や誘導によるということを、捜査の順序に従って、実に詳細かつ具体的に、しかも熱心に主張しました。

そこで、事件の捜査にあたった警察官や検察官をも多数証人として公判で取り調べた結果、多くの証人は「任意な取り調べ」を主張しながらも、被告人が法廷で主張することも決して嘘ばかりではないと思わせる点が多く出てきたのです。

それに加えて、第一審（原審）判決が有罪の前提として認めた客観的な事実と反対の事実、つまり物証が弁護人の立証活動によって、ぞくぞくと出てきたのです。それらの経過や証拠関係の全体を総合して熟慮し、慎重に合議を尽くした結果、控訴審としては、この事件は「疑わしきは被告人の利益に」という訴訟上の原則に基づいて、無罪を宣告すべきものという判断に至ったわけです。

【それにしても、そういう重大な事件で逆転無罪にするには、よほどの強い信念と勇気のいる、たいへんなことではないでしょうか。とくに刑事裁判では、第一審の審理がいちばん大切だといわれているようですが】

この強盗殺人事件などは、例外中の例外かもしれませんが、まあ、詳しいことはさておけば、けっきょく裁判というものは、当事者主義を原則としていますから、当事者、つまり刑事訴訟では検察官と被告人・弁護人の訴訟活動が最も重要で、判決結果もそれによって大きく左右されるというのが民主主義的法治国の常識です。

さきの大森勧銀事件は、その典型的な例ですね。だからわれわれ裁く側としては、証拠判断・事実認定に苦労はしますが、最終的に腹さえ決まれば、逆転無罪という結論も、あんがい簡単に宣告できるというのが本心なんですよ。

というのも、司法の独立が制度上確立されているうえに十分に機能していますから、どちらの結論になろうとも、部内はもちろん外部のどこからも不当な干渉や処置を受けることは全くないという安心感がありますね。つまり裁判官は職務上の独立に加えて、きわめて高い身分保障があればこそだと思います。

司法部以外の社会（実業界や行政官庁など）ではそうはいきませんから、いろいろの疑心暗鬼に打ち克つために勇気というものが必要でしょうが、そこは司法部のありがたさで、自分の最善をつくし良心に忠実でさえあれば、何ものをも恐れず安心して仕事ができるというのが、ほんとうに有り難くさわやかな感じですね。

なお、大森勧銀事件の無罪判決に対しては、検察側から「重大な事実誤認がある」との理由で上告の申立があり、最高裁判所でも慎重審理の結果、上告棄却の判決があって、けっきょく無罪が確定しました。控訴審を担当したわれわれは、原判決破棄、差し戻しの判決になる可能性も幾分は予想していたので、衷心から安堵してささやかな祝杯をあげて胸をなでおろしたものです。

【ほんとうの真実を知る者は、まさに当の被告人ただ一人……それだけの大勢のご苦労があっても、なお真相はやぶの中というわけですか】

まあ裁判というものには、いつもそういう不透明な霧が幾分かは残されているというのが現実の姿です。そもそも裁判所の審理手続は、すべてが訴訟法で決められていて、全てがその軌道に乗って行なわれていることはいうまでもないのですが、それでも、起訴された公訴事実について、絶対的な真実が明らかにされることは期待できず、つねに幾分かの疑問は残るのもやむをえないのです。

犯罪というような社会的歴史的事実は、自然科学的な現象と違って、いったん終わってしまえば、あとからそのすべてを再現させるというようなことは不可能だし、それを可能にする知恵は、まだ人類には与えられていないのです。

【ところで裁判官は、法廷ではいつも法服を着ていますが、岡村さんは、この法服の意味をどんなふうにお考えでしょうか】

それについても、いつか部内の広報誌や法律雑誌に書いたのですが、法服の制度としては、最高裁判所の規則で「裁判官は法廷において制服を着用する」とあるだけです。もちろんその様式は一定しているのですが、外形的にはあまり評判が良いともいえません。私の考えでは、問題の中心はこれを着る者の心構えであり、また国民がこれをどう受け止めているのかということだと思います。

裁判所を法の殿堂ともいいますが、裁判官は法服を着ることによって、法の殿堂を守るため自分の個性を消し去り、心の森厳と平安を得ることができるといいますか、そういう内面的な意味で、法服は裁判する者にとって正装である以上に、この上ない戒めの衣装でもあると思うのです。

【なるほど、法服は裁判する上で、威儀を正すためにも必要なものということですね】

そうですね。これも西欧で古くからの伝統とされ、今や世界各国に共通のことのようですが、アメリカでは最近になって、法服は単に威厳をとりつくろうにすぎず、時代錯誤的な残存物にすぎない、というような意見も出ているようですね。もちろん、時代や民族によっていろいろの見方がありうると思いますが、最終的には司法制度や裁判の本質について正しい理解をもつ国民多数の判断にまつべきものでしょうか。

【一般に、判決文が難解であるとの批判が多いようですが……】

部内では努めてやさしく、と心掛けてはいるのですが、何といっても各種の制約があるので、どうしても文脈が固くなるようですね。みんなで努力も研究もしているので、しだいに改善されるとは思います。

しかし、なにしろ法律用語というものが一般になじみが薄く、とくに刑事裁判では条文の適用を逐一判決文に書く関係で、民事判決より格段に厳格、正確な表現を要求されるのです。

つまり、例えば刑法二四七条背任罪によって有罪にする場合には、罪となるべき事実として、その条文に書かれている事実(犯罪構成要件という)を洩れなく、具体的にしかも簡潔に書いて、かつ、それに似た他の財産犯と混同したり、少しでも他の犯罪事実にあたるような事実は書かないようにするなど、いろいろ気をつけなければならないのです。

そうした記述(罪となる事実)が不完全だったり、それと、そのあとに書く二四七条の文言との間に不一致や矛盾があれば、その判決は上級審で必ず破棄されるので、とにかく判決書類は、どんな簡単な事件でも気が抜けないのです。

だから被告人や一般市民にとっては、判決文とは用語や文脈がわかりにくいものという印象を抱くのも、ある程度やむをえないこととは思いますよ。

しかも、大多数の人は判決文そのものを読むこともなく、単なる推論や全体の印象だけで批判することが多いのが現実ですよね。

そういう点からいっても、判決が宣告されたとき、判決書の全文と訴訟記録がすみやかに公表されることが必要ですね。裁判所も、公判廷の公開だけでなく、もっといろいろな面での情報公開を積極的に考えなければいけないと思います。

一般に公文書というものがわかりにくくできているのも、誰に対しても通用すること、誤解を受けないために正確であることを第一に考えていることから自然にそうなるので、刑事判決などはその典型といえるでしょう。外から批判することは容易ですが、内部の苦労はなかなかわかり難いものです。

【司法研修所の修習では、判決起案が最大の苦労の種だと聞いていますが、そうですか】

およそ司法の仕事のうちで最もやっかいだが重要なことは、文章を作ることです。判決ばかりでなく、検察官の起訴状や論告文、弁護士の作る民事刑事の準備書面もそうです。

これらの文書が上手に書けるというのが、法曹としての実力のバロメーターですね。事柄の核心を衝いて、よく整理された思索があってはじめていい文章になるからです。だから司法研修所でも、それらの書類の作成について、厳しい訓練を受けるのも当然だと思います。

それに加えて、研修所でも、いわゆる文章作法の研究や教育がもっと行なわれるべきだと、私は前から考えています。いくら分かり易くと言われても、正確と品格は判決文のいのちですから、これまで捨てるわけにはいかないですね。でも、例えば一つひとつの文章をなるべく短くすること、あまり使われない独特の言いまわしはなるべく避けること、段落（パラグラフ）を正しく活用すること、仮名（かな）と漢字の数のバランスをとること（字面の美しさ）などを心掛けること、それだけでも読者にはよほど読み易くわかり易くなるのではないでしょうか。

【これは素人的な考えかもしれませんが、裁判手続や判決文がわかり難いということが、裁判そのものの信頼性、公平性についても疑問をもたせることになりはせぬかという気もしますが、どうでしょうか。新聞によると、裁判官が法廷で忌避されることが時々あるようですが、公平な裁判ということについて、裁判官ご自身はどんなふうに考え、どう処置されるのでしょうか】

これはたいへん重要なご質問ですね。中立公正は裁判の生命ですから、裁判の公平性を確保するために、法律上も実務の上でもいろいろな方策が用意されています。刑事裁判について、主なものを挙げてみますと……

第一に除斥《じょせき》といって、裁判官じしんやその親族などが犯罪の被害者であるとか、犯人が自分の親族であるときなどには、その裁判官は法律上当然に、その犯罪事件については職務を行なうことができないことになっています。そのような場合には社会的、一般的にみて真に公平な裁判をすることが期待できないからです。

第二に回避です。裁判官が自分に右のような除斥の原因があるとか、その他事件との特別な関係があって、公平な審理判断がしにくいと思うときは、自発的に申し出てその事件の担当から降りることになります。

第三は当事者からの忌避申立です。担当の裁判官に以上のような特別な関係がなくても、偏頗《へんぱ》な裁判をするおそれがあるときは、当事者からもその裁判官に対して、所定の条件に従って忌避の申立をすることができます。

制度としては、おおむね以上のようになっていますが、訴訟の実務の面では、ほとんどの場合に回避または除斥、つまり裁判所側の自浄作用によって公平性が確保されているのです。

問題は、第三の所定の条件を無視して、被告弁護側から忌避申立がなされることがしばしばあるということです。その条件とは、いちいち説明する余裕がありませんが、例えば担当裁判官の訴訟指揮が自分に不利であることや、判決を先延ばしにしたいという一心から、「偏頗な裁判をするおそれがある」として（むしろ理由を作って）忌避中立に及ぶことが多いのです。

このような申立は、申立手続じたいの違法または申立権の乱用としてすべて却下されます。そのような取扱いは、以前から判例上も学説でも異論なく確立されているのです。

このような現実の背景には、裁判そのものに対する非協力、裁判官に対する個人的な偏見・怨恨などの感情的な態度がかいま見えていて、多少とも裁判官の心の平穏を害するうえに、公開審理の場で裁判の公平性に対する一般国民の信頼性を無用に傷つけ、また審理の遅延原因にもなっていることは、ゆゆしい問題であると思います。
※なお、これらの点については、拙著『裁判官の仕事』（平成13年4月、光人社刊）60頁以下に詳しいので参照してください。
裁判官が一般的に自分じしんの公正な裁きを確信し、実践していることもさることながら、さらに公正さをいささかも疑われることもないように絶えず気を使っているのも、以上のような実情があるからで、その辺にも日本の司法の後進性がよく現れていると言えるでしょうね。

【そのようなご苦労は、国民の側でもなお十分に考えねばならないと思いますが、ついでに裁判の遅延の問題については、どう見たらよいのでしょうか】

その問題については、最高裁判所の事務総局が発行している「司法統計年報」の中に、数字的な統計があるていど出ています。

私の在職中で裁判の長期化が最もいちじるしかったのは、昭和三十年、四十年代だったと思いますが、その頃の統計によると、刑事第一審訴訟事件全体のうち、およそ八十パーセントくらいは裁判所が受理してから一か年以内に終結しているのであって、総体的にみれば、通常の刑事事件の審理期間は決して不当に長くはなく、ほぼ満足すべき状況にあったと思います。

しかし、全国の地方裁判所で、起訴後三年以上たっても終わらない事件について、審理が長引いている原因を調べた統計があります。そのメモによって、長引いた原因を多い順に見てみますと、
(1)　証人調べ困難　約八十パーセント
(2)　期日指定困難、期日の変更・延期多数回　約三十八パーセント
(3)　公訴事実（訴因）多数、証拠関係複雑　約二十七パーセント
となっています。一つの事件で、これらの原因が重複しているものがあるのはもちろんですが、右のうち(3)はその事件に特有のもので、遅延原因としていわば不可抗力的なものです。

(2)と(3)は半分くらいは重複しているかと思われますが、とくに(2)についていえば、証人や在宅の被告人が呼び出しを受けながら、公判期日に出廷しないために審理が空転したとか、期日の指定に同意しておきながら、当日になって病気や差支えを理由に変更・延期を申し出たりする例が多いということで、要するに訴訟の引きのばしとか非協力の態度がうかがわれるものです。

現行の刑事訴訟法では、とくに比較的重要な事件については、被告人、弁護人が公判に出席しなければ審理することができないと定めているのに、欠席した場合にとるべき有効な手段はほとんど考えていないのです。

そのほか法制度の面でも、実務の上でも、反省、改善すべき多くの問題点がありますが、それにしても訴訟や裁判について、一般市民や関係各方面の関心、理解の薄いことが、訴訟遅延の原因の大きな底流になっていることは否定できません。

要するに、訴訟が長期化するのは、全事件のうちほんの少数の特殊な事件であって、しかもその事件じたいの中に長期化する要素が多分に含まれているというのが、私の経験から得た偽らぬ実感ですね。

【なるほどね。裁判の公平とか、迅速の問題については、われわれは一般に単純に考えているようですが、訴訟法上の問題もあって、決して簡単ではないこともよく分か

りました。ではまた明日、続きをうかがいましょう】

【第三日――水曜日】

人が人を裁くとは
身分社会からの脱皮を早く
カミュの「異邦人」と刑事裁判
国民にとって法とは何か
秩序も法も無い社会

【ラジオ談話室の時間です。

今週は、もと東京高等裁判所判事、現在弁護士で日本山岳会会員でもいらっしゃいます岡村治信さんから、「法と山と私」というテーマでお話をうかがっております。

岡村さんは三十五年間忙しく仕事をしてこられて、人が人を裁くということはどういうことか、どう考えていらっしゃるのですか】

そのことも随筆風に書いたことがありますが、人間として裁くというより、むしろ法の精神を適正に実現させることが目的であって、人間として裁くというのは思い上がりで、迷路に入ってしまうような感じですね。

【法と人の間を仲立ちするということですか】

キリスト教では、預言者ということばがありますね。「あらかじめ」の予ではなく、「預金する」の預を書きますね。つまり神のことばを預かって人に伝える人、神の信託を受けた人、という意味ですが、そのことばを借りて、裁判官は法の預言者であるともいわれるようです。
しかし、法のこころは具体的な事件についてまで法律の条文に書いてあるわけではないので、そういう言い方も、どうも現実感がないですね。それを「人が裁く」と表現するのは、ひとつのごまかしではないかという気がして、私もまだよく分からないのです。

【被告人や証人の言うことも、必ずしも真実ではなく、むしろ事実を曲げて主張することも多いでしょうが、その中から真実を見つけるのも、考えてみれば容易なことではないでしょうね】

審理による事実認定の対象は、人の犯罪行為の有無だけでなく、それをめぐるあらゆる人間模様にも及ぶわけですが、いわゆる証拠裁判主義というわくがあって、それから外れることができないのです。

関係者の証言では、「正直に述べる」という宣誓をしていながら、故意にうそを言ったり、さまざまな人間関係に阻まれてつい遠慮したり、事実を誇張して述べたりするのは、人情の常として十分ありうることですし、当事者の主張や陳述でも、話のうまい人もあれば、うまく弁解できない人もいる。その中から真実を汲み取るには……とくべつの秘策があるわけでもなく、要するに一生懸命に聴くことですかね。

無心に聞け、ともいわれますが、訴訟法でも「証拠の証明力は裁判官の自由な判断に委ねる」と規定するだけです。ここで「自由な」ということは、ともすれば「裁判官の思うままに適当に」などと思われがちですが、決してそんなことはなく、厳格に証拠のわくの中で、しかも論理法則に従った客観的、合理的な判断でなければならない、ということが学説・判例で確立されています。

したがって裁判官は、犯罪事実を認定するには、その大原則を一歩も外さないように細かく神経を使っているのです。

そういう仕事は、判決文の「理由」の中で詳細に、誰にでも納得されるように、文章化することによって完成するわけです。それは、事実の認定はもちろん、いわゆる情状や量刑判断についても同様です。

でも、そういう判決理由も読まないで、ただ「主文」の結論だけで、それが自分の意見や期待にそわないということで、判決や裁判官を感情的になって批判・攻撃することが世間一般に行なわれていますね。マスコミの裁判批判にも、そのような発言を支持する傾向が強く、それがまた一般国民と司法部との間に垣根を作る一因ともなっていると、私はかねてから思っているのです。

【なるほどね。たしかに日本人は、事実と意見との区別をしない。何ごともつきつめ

て考えない。なんとなくあいまいなままで済ましてしまうという民族性があるのですね】

そう、多分に情緒的で合理性に欠ける、そういう精神風土の中では、厳密で論理的な思考を要する契約とか法律という観念じたいが育たない。争いが起こっても、「人の和」を旨として、誰でも有力な人、「えらい人」の言うとおりになって我慢してしまうことが多いですね。

そこで、いつも思うことですが、十九世紀のイギリスの法制史学者にヘンリー・メーンという人がいて、その人の著作である「古代法」の中で、「身分より契約へ」ということを言っているのです。これは非常に簡単ながら重みのあることばとして、諸外国はもちろん、日本の法曹界でもよく知られています。

要点だけを簡単に言いますと、メーンは、社会を身分社会と契約社会の二つに分けて、人々が自分の意見を決めるにあたって、身近かな家長・年輩者とか、地域の「顔役」あるいは単に声の大きい人などの意見に安易に同調し、そういう人たちに支配されている社会を身分社会といい、それと反対に、なにごとも相手と対等の立場で話し合って、お互いに納得した上で事柄を決める、そのような社会を契約社会というのです。

そして身分社会は、個人の自覚や人権思想が未発達であり、契約社会は人間的にも文化的にも、より発達し、成熟した社会である。というのがメーンの考え方です。

そのような視点から見ると、西欧先進国の人たちは、合理的な思考に慣れていて、契約という観念も発達しているので、それぞれに自分の意見をはっきり言って、お互いに納得した上で事を決めるようにする。

その結果、日常生活でも、経済取引でも契約を重んじ、約束したことはきちんと守るという権利義務の観念もはっきりしているし、義理や人情に流されることもないので人間関係もすっきりしている。

ところが、日本ではむしろ反対で、なにごとも他の人のいうなりに、いい加減に決めてしまうことが多く、あとでトラブルになっても、お互いに相手の責任にしてうやむやにしてしまう傾向が強いですね。

つまりメーンに言わせれば、近代西欧諸国は契約社会で、日本はいまだに身分社会に安住している、ということでしょう。現に日本では、第二次大戦後のいわゆる占領時代には、占領軍の政策に対して、いろいろ反論の材料や機会があったにもかかわらず、ほとんど抵抗もせず、「戦争に負けたのだから仕方がない」という気分で無条件に服従してしまった。

そのあげくに、いまの「日本国憲法」は、旧憲法の改正という形式をとっているが、実質はマッカーサー司令部の意向によるお仕着せの憲法という名の法律にすぎないし、重要な前文や第九条などは、文章じたい不明確ないし不適当であるにもかかわらず、すでに五十年近く改正もせず放置している。そのことがわが国の政治状況や社会状況に、どれだけ悪影響を及ぼしているかしれない、というのが私の率直な感想です。

なおこれらの点は、日本と同じ被占領国であったドイツの、占領政策や憲法の取扱いに関する毅然たる態度と比較してみると、その相異がよく分かりますね。

【日本では、西欧諸国のように独裁君主の暴政や外国からの侵略に苦しめられた経験もなかったけれども、第二次大戦の結果、徹底的に痛めつけられたので、かなり目がさめたのではないでしょうか】

というより、目をさますべきだったのです。ところが、食糧増産や経済復興に追われて、あい変わらずの身分社会から脱皮できず、占領軍司令部の術中に完全に捕らわれたと私は見ています。

いわゆる「東京裁判史観」とか「戦後民主主義」というものにしても、一応「裁判」とか「民主主義」とかいうもっともらしいレッテルが貼ってあるので、中味もよく確かめず鵜のみにしてしまったという感じですね。

【契約社会への脱皮が必要というお話でしたが、具体的にはどういう方法が考えられるのでしょうか】

そうですね。いろいろのことが言えると思いますが、まず「個」の確立、他人に頼らずに自分の足で立つことですね。

それには、一人ひとりが合理にめざめて、自己規制のきく人になること、つまり自立ではなく、自律の精神を身につけることです。

過去を反省したり、将来の夢をもったりの精神活動ができるのは人間だけで、他の動物にはできない。つまり人間は、理性によってものごとの本質を見きわめたり、是非善悪を判別しながら生きてゆく唯一の生きものであるのに、理性の使い方を誤ったり、自分の欲望や利益のみを優先させる傾向が強いですね。

とくに人間が集団生活をするのに一番大切なことは、権利と義務はつねに表裏一体であること、自由のあるところ必ず責任を伴うことであるのに、その基本原理をわきまえず、自分の欲望や都合にあわせて権利や自由を声高《こわ》に主張する。いま日本の社会では、権利や自由の言葉のみがはびこって、義務とか責任ということばが忘れられているのではないでしょうか。

そのような風潮を、みんなで協力して改善していくこと、つまり人間の精神構造そのものの改善こそが最大の急務であると思いますね。

【話は少し変わりますが、岡村さんはカミュの『異邦人』という小説を題材にして、論文を書かれたことがありますね。この小説は私も大学時代に読んで、不条理について考えた記憶があります。でも、裁判官がこのようなテーマで論文を書くのは、たいへん珍しいことではないでしょうか。どういう動機で、お書きになったのですか】

まあ、そう言われれば珍しいでしょうね。いうまでもなくこの小説は、主人公のムルソーが相手のアラビア人といさかいになって、ピストルで射殺する場面の第一部と、裁判所で裁きを受ける法廷場面の第二部とに分かれていて、そもそも刑事裁判とはどういうものかということもありますが、ムルソーは法廷場面で犯罪事実を認めながら、有効な防御活動を何もしていないので、証拠裁判主義のもとでは、死刑になるのも当然だということが小説の筋書きになっていますね。

私としては、日本では一般に、そういう基本的なこともよく理解されていないので、その辺を説明して、一般の読者にも関心をもってもらいたい、という思いがありましたね。

それと、もっと重要なこととして、私がたまたま古本屋でみつけた一冊の本の中でその著者が、この異邦人裁判そのものに対して、種々の理由を挙げて非難攻撃し、けっきょくカミュは、この小説によって裁判否定の思想をアピールしたものだとまで極言しているのを発見したのです。こうした論説が、わが国における一部刑事裁判否定論者を勢いづけることになりかねないと私は思ったのです。

もちろん、当時現職にある身として、日本の具体的な事件を引き合いに出すことはできないが、アルジェリアで、しかもフィクションとして語られた「異邦人裁判」を借りれば、刑事裁判の真実の姿を、一般市民に理解してもらうには恰好の材料として使えるだろう、ということで、それがまあ執筆の動機になったといえるでしょう。

【カミュが異邦人を書いた意図は、けっきょく国家の権威や法では裁けない面があることを言いたかったのではないでしょうか。法の世界と文学の世界とは、こうも違うのかなと私は考えますが】

法や裁判はあくまで理論・合理の世界であって、仮りに裁かれる者がもともと不合理の世界に生きているからといって、その世界を是認するわけにはいかないし、裁判官といえども人の内面の世界にまで立ち入って裁くことはできないので、そういう人に対して自分の犯したことについて反省を促すことはできるが、それ以上に合理の世界に立ち帰って目醒めなさいとまでは言えない。

だいいち、そんな世界にかかずらっていては、国家社会の秩序は守れないですね。

文学的または宗教的にはカミュが指摘したような、法とあい容れない世界もあるでしょうが、法には法の土壌があって、勝負はあくまで法理の土俵で決められるのです。

私の論説も、結論では「裁判官は被告人の不条理的な存在を見きわめながらも、あくまで法の眼鏡で裁くように義務づけられている。だからムルソーが法廷で、どんな形でどれほど『自分の存在をまき散らそうとも』そのことじたいは何の意味ももちえないのである」と書いているのです。

ついでに申しますと、私は日常の実務を扱いながら、いわゆる「動機なき殺人」とか、通常人の理解を超えた不思議な犯罪が急に増えつつあることを感じていたうえ、そういった種類の犯罪に対して、本来の裁判はどう対処すべきかということも一つの課題と考えていたのですが、この論文を書くことによって、自分なりにその解決の足許を固めることができたように思っているのです。

つまり、たとえば神とのかかわりで罪責をもつ人は、神の法廷でも審判を受けるべきだ、ということですね。

【ここでも「人を裁くこと」の一端をお聞きしたように思います。たしかにそのようなお説は分からなくもないのですが、それでもなお市民と裁判との距離はまだまだ遠いという感想がある一方、法律は生きものだとも言われますが、その辺はどう解釈し

たらいいのでしょうか】

その前に、法治国の国民にとって法とは何かという最も基本的、初歩的なテーマについて考えてみたいですね。

その場合、有名なルソーの「社会契約説」を近代民主主義体制に沿うように修正した考え方が最も似合うのではないかというのが私の立場です。

いうもでもなく、ルソーの学説は、十八世紀後半のフランス革命の思想的背景となり、いらい西欧先進諸国に採用されたものですが、明治維新以後、さらに科学的知見の発達した日本社会の実情とは、かなり距りがあることは否定できません。

一方、日本には明治期の人権思想家として有名な中江兆民があります。彼はフランスに留学して、とくにルソーの社会契約説を研究し、政治思想家として一家言をなした人です。

その説くところは、革命的な要素はさて措《お》いて、日本の民族的風土と精神文化にマッチするように思われるので、「東洋のルソー」とも言われています。

そこでルソーと中江兆民の説くところを総合取捨して、私なりに考えた結論を述べてみますと、つぎのようになるかと思います。

そもそも国家というものは、ずっと昔は国民の数が少なく、自律自治的な団体として皆で協力して国の政治を行なうことができたのですが、人口も殖え、お互いの利害が対立して、国政の事務が複雑になり、専門の知識も必要になったので、皆で相談して、すぐれた見識手腕をもち、信頼できる少数の人を選んで、その人たち（国会議員）にすべての政治の事務を委せるという体制が考え出され、これが多数の国家で採用されるようになったのですね。

そこには、国民全体と、選ばれた議員たちとの間に、「国家統治のことは万事よろしくお願いします」「承知しました」という約束（法律用語では信託的委任契約）ができていると考えられます。このような約束を、ルソーは「社会契約」と名づけたのです。

国会議員たちは、この社会契約に基づいて国民ぜんたいの安全・幸福・発展のために必要ないっさいの基本方策を定め、これを実現させる義務を負っているのです。

そもそも近代国家において法律とは、こうして国会の議決によって作られた基本的な軌範（規定）で、憲法をはじめとして国家統治のため必要ないっさいの事項に及んでいることは、あらためて説明するまでもありません。

つまり、法律ぜんたいを綜合してその内容を見れば、それぞれの国家の体制や地方自治体の仕組みとか、秩序の保持から国民の日常生活、衣食住の問題はもとより、経済取引、教育、学問研究、文化、芸能、その他あらゆることがらについて、きめ細かい配慮をしているので、国民にとっては一日も欠かせない「生活のための指針」とか「マニュアル」ともいうべきものです。

しかも法律は、いま申したような社会契約に基づいて作られたものですから、国民がその全体意思によって参加してできあがった規定として、国民の一人ひとりが進んでこれを受け入れ、順守することが当然の前提になっているのです。

ところが、実際はどうでしょうか。例えば、日本の車社会では、ほとんどの場合、法律で決められた制限速度を超過して走るのが、むしろ常識になっている。仮りに一般道路を時速六十キロで走るにしても、多数のドライバーは「警察の取締りがうるさい」とか、「反則金を支払うのは面倒だ」と考えているし、飲酒運転は法律で禁止されていることを知りながら、「なあにビールの一杯くらいはかまわない」などという人も多いですね。

そのあげくに、つい事故を起こしても、道路表示が不完全だとか、警察のやり方はおかしいとか言ってうっぷんを晴らしている。あるいは、法律はもともと政治家の都合により、国民の権利を制限するために作ったものだ、と真面目に考えている人たちもいる。

そのような、法律や規律に対する無関心または冷淡な態度は、自分たちが住んでいる日本という「国家」の観念そのものが減退または欠落していることとあい共通するものだと思いますね。

そこで私は、いつも頭に浮かんでくることがあります。それは古代ペルシャ王国で実際にあった歴史的な事実として語り継がれているのですが、国王が亡くなった場合には、国家的な弔意を現すとともに、国家というものがいかに大切なものであるかを国民に知らせるために、五日間の無政府状態を置くことが慣習になっていたというのです。

わずか五日間でもいっさいの統治活動が止み、司法作用もすべて停止されれば、国内治安の混乱は目にあまり、個人の人権、生存の保障すら根底から覆《くつが》されることは、いうまでもないですね。国家による統治と法の活用が、なにものにも替え難く貴重であることを国民に理解させるための実物教育として、これ以上のものはないでしょう。

もちろん、今日の民主社会において、このような実験をこころみることは、一日たりとも不可能ですが、その時の状態を想像し、あれこれ思いめぐらすことはできますね。それだけでも人は、法秩序や司法作用の必要性と貴重性を十分に理解できるはずです。

国家や法秩序は、国民一人ひとりの生活にとって、まさに空気や水のようなもので、ふだんはあまり気付かないが、それが欠乏した時にこそ、その大切さを痛感するというわけです。

蛇足のようですが、われわれ日本人にもそのような体験を味わわされた歴史があるので、お話してみましょう。

昭和二十年八月の終戦直後、中国東北部（旧満洲）に居た日本人たちは、ソ連軍の不法侵入・無差別攻撃を受けて大混乱に陥ったことは、歴史上明白な事実です。それは、残留日本軍関係者、開拓民はもとより、一般邦人すべてを巻きこんだ、まさに弱肉強食の地獄図そのものであって、その実状は、例えば黒岩重吾の体験小説「裸の背徳者」、あるいは中村雪子氏が戦後十三年の歳月をかけて集めた生存者の証言によって綴った著書「麻山《まさん》事件」などによってつぶさに知ることができます。

また、その混乱のさ中を、文字どおりいのちからがら内地に引き揚げてきたある作家が書いた「国家的秩序によって保護されないことの不安と恐怖」をしみじみと回顧した文章もあります。私はそれらの本や論説を読んで、強烈な感慨を受けたことが忘れられません。

【おっしゃるように、法や秩序というものは、とても大切なものだということは分か

るのですが、そういう知識というか、「法意識」を身につけるにはどうしたらいいのでしょうか】

そうですね。あまり堅苦しく考えると、かえって問題が難しくなると思いますね。私の考えでは、まず道徳心が順法心の重要な支えですから、学校教育の中で道徳教育を充実させると同時に、法についても、さきに申したような基本を分かりやすく説明して理解させることが必要だと思います。

しかし、もっと大切なことは、おとな、つまり一般庶民の一人ひとりがあらゆる生活活動の場面で、関係の法律を自発的に広い視野から考えるという習性を身につけて、さっき述べたような義務とか責任という集団生活の原理をわきまえて行動することですね。

そのような風潮が世間一般に行きわたるだけでも、……もちろん、それで犯罪や争いごとが無くなるわけではないが……すばらしいことだと私は思っているのです。

ついでに、さきほど述べたことと、重複するかもしれませんが、われわれ国民は、自分たちの総意によって立派な政府を作り、それによって国家を統治する立場にあると同時に、法による国家統治の対象でもあるわけですね。

そこの道理をわきまえれば、何をするにも自分たちの作った法の枠があることを理解できるのではないでしょうか。いくら美しい立派な絵を描こうとしても、カンバス（画布）の外にまで描くわけにはいかないのと同じですよ。

【なるほど、それは面白い比喩ですね。では、まもなく時間ですので、今日はこの辺で】

【第四日——木曜日】

【おはようございます。はじめにこの番組に対してお便りが来ておりますので、ご紹介いたします。

「平凡な主婦からみて司法の大切な役割や判事の仕事の重大さをあらためて認識させられ、よい勉強になりました」という内容のものです。

さて、今日は日本山岳会々員としての岡村さんの一面についてうかがいたいと思います。ご本によりますと、岡村さんは登山によって日頃のストレスを解消する。また山歩きは胃腸の健康のためにも欠かせない、ということですが、そもそも山登りをはじめられたきっかけは、どういうことでしょうか】

私の場合、最初の本格的登山は、旧制中学校の四年生のころでした。学校の夏休みに、友人十人くらいと一緒に先生に連れられて北アルプスの燕《つばくろ》岳から常念《じょうねん》岳まで縦走したことがあります。

最初の日は麓の中房温泉に泊まって、翌日、急坂を登って尾根径に出たとたんに、反対側の深い谷を距てた大山脈が堂々と連なっている風景を見て、その雄大さ、美しさに、強く魅了され、心の底から感激したものです。

その日は燕岳の頂上を往復して燕山荘という山小屋に泊まり、翌日から、当時はアルプス裏銀座といわれていた尾根を縦走して、さらに常念岳の小屋で一泊し、翌日は常念の頂上を経て豊科方面に下山したのです。

私はこの山歩きで、それこそいっぺんに、しかも非常に強く山岳美・自然美に心を惹《ひ》かれたので、この時の山行こそが私の登山の原点になっていると思います。昭和八年のことですから、満十七歳です。

前にも申しましたが、私は一高で寮生活をしていたころ、人生問題に頭をつっ込んで悩み、ノイローゼになったのです。そして気の向くままに、奥多摩や丹沢の山野を一人でさまよい、自然に回帰することによってこころの静安を得ることを覚えたのです。

そのころの夏休み中に、寮の友人と三人で群馬県の下仁田から山に入り、天幕生活をしながら神津《こうず》牧場、荒船山のあたりを歩いたことがあります。その時に、自分をとりまく森や草や岩、そして渓流のせせらぎや鳥の声、頬をなでる風の中などに、「宇宙万有のこころ」というか、崇高な永遠の原理そのものが生き生きとあふれ、現れているように感じたのです。

その時には、何かの錯覚か幻想のような気もしてそのまま過ごしたのですが、あとでいろいろの本を読むうちに、それは迷いごとでも錯覚でもなく、また人間にはそういう自然の働きに感応する能力もあることを知るようになりました。

【それはどんな作家の本でしょうか】

いろいろ挙げられますが、例えばゲーテの「詩と真実」の中にある「草や石の間に神性を求める」という言葉、スピノザが主著「エチカ」の中で説いた汎神論的な自然観などですが、中でも私の心を動かしたのは、終戦直後に古本屋で買ったキルケゴールというデンマークの宗教思想家の本、これは「人はいかにして信仰を得るか」という青い表紙の論文集でした。

その中で、彼は自然の象徴として鳥とゆりの二つを挙げ、鳥とゆりの言動に託して、自然の姿や意志を縦横に、しかも優雅にものがたるのです。とくに、「鳥とゆりは、あらゆる人間の教師にもまさる教師である。人は彼らによって、何ごとも教えられることができる」とか、「鳥もまた生きているかぎり重力の法則のもとにある。しかし鳥は憂いをもたない」などという文章に、私の若い心は強い感銘を受けたものです。その頃から、私は山と自然に対して限りない親近感と畏敬の念を抱くようになったと思います。

なお、日本語の文献としては、有名な道元禅師の『正法眼蔵《しょうぼうげんぞう》』があります。私がその解説書を読んだのはずっとあと、昭和の末年ごろだったと思いますが、その中に出る、サンスクリット語の「ダルマ」ということばは、森羅万象、世界のすべてのものを生み、支え、変化させる元の作用を意味する、ということですね。そして、それがまさに仏教思想の原点であり、しかも、さきに言ったゲーテ、スピノザ、キルケゴールの自然観とも一致する。ただ表現の仕方が違うだけで、思想としての実質はすべて共通であることを教えられたのです。

【岡村さんは「自然との対話」によって、仕事によるストレスを解消し、同時に胃腸の症状の回復にも役だった。山歩きは胃腸の妙薬でもあると言われますが……】

それはね、山を歩いて無心になった時に、仕事の上で抱えている難問について、ふと、よい解決を与えられることがしばしばありましたね。心のわだかまりが消えて、純粋な気持になっている時に、自然の声がそっと耳もとでささやいてくれる、それが自然の恩恵というものでしょうね。いろいろの困難や苦しみは消えるわけでもないが、心理的には軽々とした気分になれるのは不思議なほどです。

そして、すべての事物の根本にある自分自身があからさまに見えてくることがあります。時には感激のあまり、涙することもありますが、結局は天地自然のわざによって支えられ生かされている、ありのままの自分を、深い感謝とともに受け入れようとする衝動、といえばいいのでしょうか。

【そうですか。そこまで山や自然にぞっこん惚れ込んだ岡村さんの生の姿が目にみえるようですね】

日本山岳会の会員の中には、心の底から山に惚れている人もずいぶん多いようですよ。特に女性の方にね。しかし、山恋いは男女間のふつうの恋愛とちがって、心がわりもなければ、失恋もありえないと私は信じています。

いったん山に深く惚れこんだ人が万一、山と別れることになったとしても、それはひとえに人間の側の「お宅の事情」によることだから、相手を怨むこともなければ、悩む必要もない。それだけに山との恋愛は、さわやかで清らかで、人間にとってこれほど甘美で有り難い一期一会はないと私は思っているのです。

【ところで、ご本を拝見しますと、九州の山々も、かなり頻繁に登られたようですね】

ええ、それは宮崎に勤務していた時です。私は前にも言ったように、昭和電工事件など長期を要した事件で、東京にいわば釘づけになっていたので、それが終わったら、地方の裁判所でゆっくりと本務をやりながら、勉強の遅れを取り戻す時間が欲しいと思い、また気分転換の意味もあって、適当な地方への転任をむしろ希望していたのです。

当時は、東京からいきなり南九州に転勤する例はまだなかったので、家族ともども着任した時には、所長はじめ他のスタッフから、「新風を吹きこんでくれた」などといって歓迎されたものです。

それが、昭和三十年の八月の休廷期間（裁判所でいう夏休み）中で、前任者の休みの期間もそのまま引き継いだ形になったので、官舎に落ちつくとさっそくリュックをかついで、霧島山系の縦走に出掛けました。

えびの高原からスタートして韓国岳、獅子戸、新燃、中岳と縦走して高千穂峯の手前の高千穂河原で山小屋に一泊したのですが、翌日はかなりはげしい雨になつたので、高千穂の登頂はあきらめて、霧島神宮を経て帰ってきました。

九月一日になって正式に出勤し、各部に挨拶まわりをしたのですが、その時に所長から、

「岡村君は趣味は何ですか」と聞かれたので、

「大した趣味もありませんが、山登りは大好きです」と正直に答えると、

「それなら君、ここは霧島山が近くにあるから、ぜひそこに行ったらいいですよ」

「はあ、実は先日、もう行ってきました」

「へえ、ずいぶん早いね。それは驚いた。それでは、仕事の方もその調子で大いに頑張って下さい」

というわけで、やんわりとした訓示を頂戴しました。

宮崎には一年半在勤しましたが、その間、裁判所の山好きの若い人たち（私も若かったが）を誘って、あるいは単独で、おもに南九州の山々に足を伸ばし、霧島、阿蘇、雲仙などは家族連れでも行きました。

とくに印象に残った山旅は、熊本県五家ノ荘から九州の脊梁山脈を越えて宮崎県の椎葉村に出るテント持ちの二泊の旅、祖母・傾山系の完全縦走、そして屋久島の宮ノ浦岳（これは九州地方全体の最高峰）などでした。

こうして、昭和三十三年三月には、本判事に任官して、甲府地・家裁に転勤になったのです。

甲府では三年間、民事の単独事件を担当し、夏の休廷期間は三回とも南アルプスの縦走にあてたほか、八ヶ岳の全山走破、奥秩父の雁坂峠から飛龍、雲取、石尾根を経て氷川（今の奥多摩町）までの縦走を果たすなど、大いに山歴を稼ぐことができました。

そのほか、日曜日などには同僚の裁判官連中を誘っては甲府近辺の山岳ハイキングの先登に立っていたので、口のわるい連中は、「岡村はいつも山に登っている。時々降りてきて裁判をやっている」などとも言っていたようですが、私に言わせれば、あい変わらずの胃腸の不調を、山歩きによって宥《なだ》め、かつ気持を清浄無垢にして、よい裁判をしているのだ」というわけですよ。

【その頃ですか、日本山岳会に入られたのは】

そうですね。当時、甲府地裁の所長だった藤本判事も山歩きや自然観照が好きで、私もしばしばご一緒していたのですが、たまたま日本山岳会の理事だった深田久弥さんが甲府の県民会館でしたか、に山の講演に来られたのです。藤本判事は深田さんとは一高時代に寄宿寮の同室で暮らした親友だということで、私も誘われて一緒に講演を聞きに行ったのです。

話が終わってから、会館のロビーで私を深田さんに紹介され、たまたま同席した日本山岳会の山梨支部長と四人で雑談中に、深田さんから私に、山岳会に正式に入会しないかとの誘いがありました。私も望むところだったので、話はとんとん拍子に進んで、深田さんと支部長の推せんで入会させていただくことになったのです。

その後、間もなく藤本判事と私は、ほとんど同時に東京に転任になったので、私は日本山岳会の恒例の年次晩餐会などで、何回も深田さんとお会いして、登山家としての豪快でふところの広い人柄を敬慕するようになったのですが、惜しいことにその深田さんは、昭和四十六年でしたか、甲府近郊の茅ヶ岳で登山中に急逝されたのです。

【そうですか。深田さんの『日本百名山』という著書は、非常な名著といわれているようですが、あれが出版されたのはいつごろでしたかね】

初版はたしか昭和三十九年ごろだったと思います。あれが読売文学賞を受賞されたことを、私はやはり山岳会の晩餐会の席で知ったので、さっそく一読して大いに惹《ひ》きつけられるものを感じました。

そして、その本の中で私がすでに登頂したものを数えてみると、だいたい半分近くだったと思います。百山まではまだ前途遼遠ですが、たゆまず努力すれば、全山達成も不可能ではないという気持がその頃に胸のうちに芽生えた、といえるかもしれませんね。

その後もあい変わらず多忙な仕事に追われて、四年間は司法研修所の教官をしたあと、札幌高裁の部総括になったのです。北海道にも百名山は九つほどありますが、仕事が忙しかったので、大雪山の旭岳と羊蹄山に登ったていどで、二年足らずで今度は地裁所長に転任ですよ。地家裁の所長というポストは司法行政事務が主ですから、仕事はひまでも、私用で県外に出るにはいちいち高裁の許可が要《い》るので、本格的な山歩きはまず困難でした。

そんな調子で、昭和五十七年の十二月に東京高裁の裁判長で定年退職になった時点では、百名山達成まではあと三十座も残っていたのです。

退職後は多くの先輩にならって、弁護士の登録手続をすませたのですが、やはり好きな道は捨てられず、弁護士の方はひとまず開店休業状態にして、残った三十座を最優先に選んで山歩きを続けました。

四国の剣山、石槌山、奈良県の大峰山、大台ヶ原山、それと北海道で残っていた羅臼、利尻、幌尻なども、ぜんぶこの時期に登ったものです。

【ご本（『自然にあそぶ心』原書房刊）によりますと、岡村さんは一人で登山されることが多いようですが、怖くないですか】

はじめのうちは、やっぱり怖いこともありましたね。とくに径に迷った時などには背中がぞくぞくしたものですが、慣れるとどんな深山の夜道でも、懐中電灯ひとつで平気で歩くようになりました。

【へえー、そんな時に何かけものにでも出会うことはないでしょうか】

だいたい山の中には、山賊などの悪人は居ないし、動物といっても、ほんの小さな夜行性の生物くらいだという偏見を私は持っていますから……かりにそういうものに出会っても、こちらも一種の夜行性動物だから、少しもおそれることはないのです。

それに私の場合は、前にも言いましたが、旧制高校で寮生活をしていたころに、一人で山野をさまよいながら思索することが多かったので、はじめから単独行の習慣が身についたのでしょうね。

もともと地図を読むことも好きで、地図を見ているうちに距離の見当もつくし、等高線の間隔でこの辺の斜面は何度くらいかとか、山の形や付近の風景が目の前に浮かんできて、いわば衝動的にリュックをかついで出かけたということもありましたね。

しかも、在職中には、気の合った仲間と行くにしても、お互いに忙しくてなかなか共通の日程がとれないとか、同行者がいると、対話や懇親の楽しさはあっても、自然との対話はその分だけ少なくて、山や自然と心やすく融け込むことができないように思うのです。

単独登山では、計画の立案や携行品、行動中の体調管理から、危険の回避など、すべて一人で責任をもつことは当然です。そういうことからくる満足感、愉《たの》しさもまた馬鹿にならないのです。要するに、リーダーや同行者に遠慮気兼ねして自己を曲げることがないし、日常生活でもすべて自己規律・自己責任で行動するようになると思いますよ。

それに、何といっても、そういう習慣が身についてくると、テント持ちの夜間登山も可能になるし、状況によっては予定を変更したり、登頂を断念したりが自分の判断だけで自由にできることがいいですね。ですから、私としては、単独行の方がパーティで行くよりもかえって楽しく、しかも安全だと思っています。

とは言っても、万一事故が起きたりしたときのことを考えると、人にも単独登山をすすめる気は全くありませんがね。

【でも相当な年輩になってからの一人歩きでは、奥さんなどずいぶん心配されるのではないですか】

まあ、若い時から好きでやっているし、何でも慎重な性格ですから、そう心配しているふうには見えないですね。

そうそう、心配といえばこんなこともありました。たぶん六十歳後半の頃だったと思いますが、中央アルプスの木曽駒ガ岳から空木《うつぎ》岳への尾根を縦走した時の話です。

朝早く千畳敷の小屋を出て、途中、熊沢岳の頂上から先は急傾斜の降りになって木曽殿越えという峠に出るのです。

その降りを、真下に山小屋の屋根を見ながら一歩一歩降りて、だいぶ峠に近づいたころ、下に一人の人が立って一生懸命こちらを見上げているのです。その風体から山小屋の人だと思ったのですが、いよいよ近くなった時にその人が話しかけてきました。

「いま通っていった三人のパーティーの話では、この頂上で一人のおじいさんを追い越してきたが、ピッケルを頼りによちよちふらふら歩いていたが大丈夫かなあ、と心配していた。わしも気になったが、だいぶ遅いようなので見に来たところだ」と。

そこで私は、なにげなく答えた。

「へえー、そんなおじいさんが居たかなあ、ぼくは全然会わなかったな」

とっさに小屋の小父さん、

「お客さん、あんたですよ、あんたのことを言ってるんですよ――」

これには二の句がつげなかったですね。

ついでにその人が言うには、

「お客さんはどこまで行きなさる、南駒か」

「いや、空木から駒ガ根高原に降りる予定で――」

「そりゃ無理だよ、空木の登りは相当きついから、ここでもう一泊して行きなさい」

「――え、ありがとう」

こんな会話をかわしながら、この山小屋のご主人がだいぶ前から上の方をじっと見すえていた心の風情が、私の気持にじんときたのです。

七十歳近いといっても、山に入ればすっかり年齢を忘れて、昔と同じペースで歩いているつもりですが、脇から見ると、そんなに心もとなく感じるんでしょうかね。

【まあ、われわれの人生の歩きぶりでも、お互いにそんなふうに見たり見られたりではないでしょうか。そういう意味でも、なかなか味のあるエピソードとしてうかがいました。

ところで、岡村さんの百名山は最後が南アルプスの聖岳ということですが、この登頂の時はどんな状況でした】

あの時は、南信濃村の遠山川の奥から登るコースをとり、聖平《ひじりだいら》の小屋で一泊しました。翌朝、目がさめた時はさかんに雨が降っていましたが、自前の朝食を終わる頃から雨は小止みになり、西北の空の一角が雲が切れて明るく見えたので、なんとか行けそうだ、と元気が出て、急いで仕度をして小屋を出ました。
二、三十分もゆるく登ったところが、薊畑といって紫紅色のアザミが咲きみだれる小広い尾根に出ます。ここが下山予定のコースとの分岐点になるので、そこの下草のかげに大リュックを隠し、必要な物だけをサブリュックに詰めて身軽になり、頂上に向かって足早やに登りはじめました。

頂上に近づくにつれて雨はやみ、雲はかなり切れて、とくに南の方は眺望がひらけてきました。頂上直下の登りはひどくガレ（崩れ）て、登山靴が砂礫に沈み、苦闘を強いられたが、何とか頂上まで一気に辿りつくことができました。

頂上には誰もいないし、誰が登ってくる気配もないので、セルフタイマーで、適当に写真をとり、雲海を背景にしてクッキリと紺色に連なる群山の美しさを眺めていました。その間、いくつかの白い雲のかたまりが強い風に乗って頭の上を走り去っていったことをよく覚えています。百名山達成ということよりも、この聖岳そのものへの愛着というか、あるいはこれで何か大きな仕事がすべて終わったという漠然たる気持で、時間の経過も忘れていたように思います。

腕時計が九時をだいぶ廻っているのを見たのをしおに、これから下山という大仕事があるのだと思い返して、サブリュックを肩にひっかけ、いま登ってきた径を、下りはじめたのです。

頂上直下の急斜面を一応降りきった右側の大きな露岩に、湧き水が白糸の滝を作っているので、そこに立ち寄ってのどをうるおしたあとは、ほぼ平坦になった尾根径を急ぎました。アザミ畑でサブリュックを大リュックに容れてからは、すぐに樹林帯の中の平凡な急降下の連続です。

昨日の朝小休止をした西沢渡まで降りきったとき、時計は午後二時をまわっていました。

大きな岩のかげに腰をおろし、明るくさわやかな沢音を前に、思い出の寮歌を歌っているうちに、ようやく百名山を無事に達成したという実感が湧いてきました。その満足感と幸福感が、大自然の恩恵に対する感謝の気持とないまぜになって、全身をゆさぶっていたとでも言ったらいいのでしょうか。

【その他では、岡村さんにとって今でも忘れ難い山とか、最も感動した山はどこでしょうか】

そういう質問はよく受けるのですが、山から受ける印象とか感慨は、その時どきの季節とか天候、また登頂の時刻、朝とか夕方とかによっても非常に違うので、たいへん答えに迷うのですが、強いて言うならば、私の場合は屋久島の宮の浦岳ですね。

あそこは、九州全体でも最も海抜の高い山です。しかも一ヵ月に三十五日雨が降るといわれるほど雨の多い山ですが、私が登頂した時は奇跡的に快晴に恵まれて、頂上近くは屋久笹といわれる細かい笹が絨毯《じゅうたん》のように敷きつめられ、その上には永年の風雨に耐えぬいた屋久杉の老木が飄々として天を仰いで佇んでいる。

その姿は枯淡とも風雅ともいい難いし、ところどころには風化から取り残された、気品のある大小の岩塔が、思い思いに自己の存在を誇示している。それらの全体が、こよなく調和して、まさに最高の日本美を集約したような、感激的な風景でした。

その他には、上高地から、槍、穂高・徳本峠あたりや尾瀬などは、いつ訪れてもそれぞれの魅力をもっていますし、北海道の大雪山系や雨竜《うりゅう》沼湿原の高山植物に彩られた眺めなども捨て難く、日本の山岳美はほんとうにすばらしく、日本人の自然美に対する繊細な感受性や精神文化を永年にわたって培ってくれた宝庫である、という感を深くします。

【それでは、明日はまた司法の問題について、もう少しお話をうかがいたいと思います】

【第五日――金曜日】

裁判官と社会生活
家庭生活と趣味
弁護士の体験・法の改正
民事裁判と刑事裁判
理想的な裁判とは

【裁判の公平と迅速については先日うかがいましたが、そういうきびしい制約があることによって、裁判官の私人としての生活にもいろいろの影響があるように思いますが、いかがでしょうか】

そうですね。そういうことも十分にありますね。例えば、事件処理を急ぐためには、役所に居る時より、自宅の書斎の方がまとまった時間を能率よく使うことができるので、さきにもお話ししたように、宅調、といって記録を持ち帰って、夜おそくまで仕事をすることも多いですし、しぜん夜の街に出て楽しむことも少なくなりますね。もっとも、いまは役所の執務室もよくなって、宅調はあまり行なわれなくなりましたが。

そうそう、私が地方の小都会に勤めていた時、ある晩宴席のあと、珍しく一杯のみやに入って一人でちびちびやっていた時に、すぐ傍らに居た紳士が、私に向かって、「あ、判事さんですね。いつもたいへんお世話になっております」と言うのです。誰かな、と思ってよく顔を見たら、当時私が単独で担当していた民事訴訟が和解手続に入って何回か役所で顔を合わせている、その街の有力な金物屋のご主人だったのです。

私は適当に挨拶を返したら、その方が、「いろいろご尽力願っておりますので、この会計は私にお委せ下さい」と言うのです。そういう話になると、どうもこのまま済ますわけにもいかないので、私はいいかげんに言い返しておいて、自分の代金を支払って店を出てしまいました。相手はどう思ったかはわかりませんが、私としては、それ以外にうまい方法は思いつかなかったのです。

そんなわけで、とくに地方の小都会では、職掌がら一般市民との出会いや交流については、自然と消極的になるのです。

つぎに、これは人から聞いたことですが、ある刑事事件の法廷で、裁判官が判決言渡しを終わって廊下に出た時に、ちょうど立会いの検察官と一緒になって、「けっきょく求刑と同じになったよ」とか言ったらしいのです。そしたら、傍聴に来ていた被告人の身内の人がすぐうしろでその言葉を小耳にはさんで、あの裁判官と立会い検察官はぐるになっていると思ったのでしょう、それを被告人に告げて、「裁判の不公平」を理由に控訴したということです。この話も、公平らしさの維持には十分気を使えということとの教材にされているようです。

【その辺の事情が、一般の行政官とはだいぶ違う……】

ふつうの国家公務員の仕事も、もちろん中正公平を要求されていますが、仕事で知りあった一般市民とでも気が合えば気軽に話をしたり、節度を超えない範囲でゴルフを楽しむということもあるようですね。でも、裁判官としては、職場の雰囲気からも、個人の心情としても、そのようなことは、やはりできないですね。

終戦後の食糧難の時代に、東京地裁の判事だった山口良忠氏が、いっさいのヤミ食糧を排して配給ものだけの生活を続け、ついに極度の栄養失調で死亡した話は有名で、今でも覚えている方が多いと思います。

賛否両論がありますが、この件については私は、山口判事が遺書の中に綴った「経済事犯を裁く身で、どうしてヤミ買いできよう……」という心情は痛いほどよく分かります。

【裁判官はお仕事がらずいぶん精神的負担の重いこと、よく分かりましたが、それによるストレスを解消する方法としては、何かとくべつの趣味でもあるのでしょうか】

さあ、とくにそういうものはないと思いますね。私の見るところでは、ごくありきたりの趣味、たとえば碁、将棋、麻雀とか、写真、音楽、和歌、俳句、魚釣り、パチンコ、などが多いようですね。

【裁判官でも、パチンコもなさる……何かそぐわないような気がしますが】

そんなこともないでしょう。ごく普通の人間ですから。ただ、ギャンブルはやりませんね。競馬、競輪で身上つぶして犯罪に走ったとか、常習賭博の事件などを扱ってみると、本人たちは夢中で楽しんでいるようだけれど……そんな遊びに手を出す気は毛頭おきませんね。

【なるほど、それで岡村さんご自身は、どんな趣味をお持ちですか】

私はもともと勝負ごとは嫌いな方だし、戦中戦後はもちろん、年じゅう時間貧乏でしたから、趣味を養う余裕はなかったと思います。でも、子供の頃から工作なんか好きで、木や紙でいろんな遊び道具を作っていました。

家庭をもってからは本立て、踏み台、飾り台などを作ったことがあります。今でいう日曜大工ですね。そういえば、宮崎に転勤した時には、市営アパートの一室が官舎にあてられていて、大した家具もなかったものですから、引越しの時の荷造りに使った枠板を利用して大きめのテーブルと椅子を作り、家族四人で食事や団欒にずっと使っていました。

【いや、それは大したものですね。それで出来ばえはどうでした】

出来ばえは決してわるくないですね。なにしろ材料は優秀だし、アパートの狭い部屋にピッタリの斬新なデザインですから。それで、転勤する時には、同じ部屋に入る後任の裁判官一家に譲って使ってもらうことにし、非常に感謝されましたよ。

【なるほど、さすが裁判官だけあって、家庭サービス的な趣味をお持ちですね】

どういたしまして。それから、山で教えられたといいますか。石の趣味ですね。

【それはどういうことでしょうか】

登山に出掛ける前に、その山の地質や溶岩の種類などを調べておいて、標本になるような岩石を拾い集めるとか、適当な沢に降りて形や色の気に入った石を探してきて、「原色岩石図鑑」で名前を調べたりします。

それから、例えば山梨の昇仙峡とか、秩父の長瀞などの観光地には、その地方でとれる岩石や輸入ものの珍しい石なども売っているので、そういうお店で買ったものもあって、かなりの数になります。

例えば北海道の神居古潭石や青虎石、岐阜の根尾谷の菊花石、佐渡の赤玉石とか、外国産のものではブラジル産のアメジストの巨晶、アマゾナイト、アフリカの砂漠の花、三葉虫やフズリナの化石などもあります。

中でも百名山完登の時に聖岳で手に入れた赤褐色の岩石片は、ラジオラリア・チャート《ラジオラリア》といって、中に古生代に海底に生息した放散虫の化石が含まれているものです。

この石は方解石の結晶のような形をしていて、表面が平らなので、白エナメルで「日本百名山達成記念、一九九〇年八月」と名前など書いて、応接間のサイドボードに飾ってあります。
それらの石を静かに眺めながら、この中に何千万年、何億年という宇宙時間が込められていると思うと、この上なく気持が落ちつき、天地万有のこころの中に深く参入することができます。それで、私にとっては、かけがえのない生涯の記念碑として大切に保存しているのです。

【とても深遠なご趣味で、まさに天上世界に漂いながらお話をうかがっている気持です。
ところで、また話が少し戻るようですが、岡村さんは退官後弁護士になられましたが、弁護士と市民との間にもまだ距離があると思われますが、実感としてどうでしょうか】

そうですね。弁護士は、裁判官よりはずっと市民に近い関係にあるとは思いますが、それでも一般的には弁護士というと、何となく近より難いという感じがあるのではないでしょうか。両者の間にはいつも報酬という問題が横たわっていて、双方ともに気を使うわりに、これが制度的に割り切れない。それと、やはり法律的な面が、弁護士の説明を聞いても分かり難い、それらのことが壁になっているという感じですね。

【弁護士のお仕事で、とくに印象に残ったことは何でしょうか】

一般的にいうと、年輩の判事、検事から弁護士になった人、とくに定年でやめてから登録した方の中には、「老後の腰掛けのつもり」の方もあるようです。もちろん私もその一人ですし、大学の講義も持っていたので、しぜん片手間仕事になってしまいました。

それでも、ある不動産会社が、これは本社は東京ですが、北海道で温泉付別荘地の造成・販売を大規模にやっていて、その事業をめぐるトラブルで、損害賠償請求の民事訴訟の被告になっていたのです。

その会社の社長から懇願されて、その訴訟代理人になったことがあります。私の旧制中学時代からの親友の仲立ちだったので、気軽に引き受けたのですが、これが意外と複雑で、しかも困難な事件でしてね。膨大な契約書類や会計帳簿を調査検討し、法律的な問題も、にわか勉強で研究し、ずいぶん多くの準備書面を書きました。

相手方の原告は十数名の組合で、数人の弁護団がついて、長期間の法廷論争のあげく、第一審の東京地裁でわれわれ被告側が全面勝訴の判決がありました。

もしこの訴訟が全面敗訴となれば、会社は完全に倒産することが目に見えていたので、社長が私の家に電話で判決の結果を報告しながら、感激のあまり電話口で男泣きに大声で泣き出して、言葉にならなかったことをよく覚えています。

なお、この事件は相手方原告が控訴、上告までして最高裁で第一審判決が確定しました。

【そういうお話をうかがいますと、岡村さんは弁護士として被告会社のために法を十分に活用されたことになると思いますが、これを裁く立場の裁判官としては、法を解釈適用するというお立場ですね。

そうしますと、訴訟当事者の見る法と仲裁者の見る法とは同じ条文でも違うような気もするのです。これはまた、素人の感じにすぎないかもしれません。できたら、その辺のことについて、ご意見うかがえますでしょうか】

うーん、そういう問題については、どうお答えしたらいいのでしょうか——そうですね、当事者としては自分の主張を正当化するために法の助けを借りるわけですから、なるべく広く自由に解釈して主張することになりますね。もしそれが誤解であるとか、行きすぎならば最後は裁判所が判断し、是正してくれる、という気安さがあります。

しかし裁判官としては、あくまで両当事者をふまえて公平、中立の立場を要求されているから、どちら側の主張にも迎合せず、厳正に論理の筋を通すことに主力を注ぐわけです。

ことに日本では、成文法主義といって、法律はすべて条文の文言によって、意味が限定されています。とくに刑事法の分野では、拡張解釈の禁止という原則もあるので、立法当時の社会状勢や人々の価値観が変化して、法が時代おくれになっていることが、しばしばありますね。

そういう場合でも、裁判官は現に有効な条文に従うことが義務づけられているので、具体的な事件の裁判結果が、その時点での一般の法感情と合わないことも、ある程度やむをえないのです。その矛盾を解消するには、その法律じたいを、国会の議決を経て、時代の要請に応えるように改正するしかないのです。

しかし、それには時間も手数もかかるので、ついあと廻しにされることが多いですね。そのため、いまのように社会状況の変化の激しい時期には、時代おくれになって使いにくい法律も殖えつつあるのは事実です。

法律もしょせん人間の作ったものだから、たまには欠陥のあることも否定できませんが、社会ぜんたいの法秩序を守るためには、「悪法もまた法なり」で、それが有効であるかぎり、やはり尊重されねばならないのです。

【法というものがわれわれの日常生活にとって非常に大切なもので、一生けんめいに守らなければいけないことがよく分かりましたが、法曹部内には、なお制度上改善すべき点もあるということもお聞きしました。

そこで岡村さんは、裁判をする、あるいは判決を書くにあたって最も大切なことは何か、ということについてお話しいただければと思います】

それもなかなかお答えしにくいことです――というのも、私は在官中、多くの先輩から、「今までずいぶん多くの事件を手がけてきたが、自分でほんとうに満足できるような判決は一件もなかった」とか、「真に立派な判決は芸術だが、われわれは決して芸術家にはなれない」とか、およそそれに類するような述懐を何回か聞いて、優れた先輩方でもそんなふうに思い悩んでいるのだな、という一種の感慨を抱いていたわけです。

それで私が東洋大学で刑事訴訟法の講議をしていて、裁判というものの困難性に話が及んだ時に、

「私も多くの事件を担当してきたが、いまふり返ってみると、決して満足のゆく仕事ばかりしたわけではない。時には判断を誤って、被告人やその近親の人々に無用な苦労を味わわせたり、人生を狂わせたりしたこともあったかもしれない。それを考えると、まことにあい済まないことであった……」

などのことばが、自然に口を衝いて出て、教壇に立ったまま一瞬、涙がこみ上げるような心境に迫られたことがありました。

【岡村さんは、在任時代はずっと刑事裁判の方を担当されたわけですが、お父さまは民事裁判がご専門だったということですが、民事・刑事の専門はどういうことで決まるのでしょうか】

私は裁判官としての出発が戦争のために遅れたことは前に申しましたが、裁判官になった以上は選り好みはせず、どんな仕事でも一応は身につけたいという気持があったので、若いころは、むしろ自分で希望して民事刑事の公判事件に限らず、家庭裁判所の家事事件、少年事件、それから簡易裁判所の事件に至るまで、なるべく幅広くやってみました。

その結果、それぞれの実務から受けた印象を、大きく民事と刑事の二つのジャンルに分けて考えれば、どうしても自分としては民事よりは刑事を専門にしたいという願いが強かったのです。

その理由をひとことで言えば、刑事裁判の実務は、智・情・意をあわせ持つ、血の通った人間を相手にする仕事であって、そこには人間学から社会・心理学、哲学、宗教に至るまで、私が学生時代から興味をもち、模索してきた根源的な問題が集約されている。しかし、民事裁判にはそれがない、というに尽きると思うのです。

そんな思いがほぼ固まってきたころに、研修所で刑事裁判の指導を受け持ったことで、私の専門が本決まりになったのです。裁判官の中には、はじめから民事畑を希望して刑事を敬遠する人も多いのですが、私は「喰わずぎらい」をしないでよかったと、今でも思っています。

【最後に、これも非常に大胆な質問かもしれませんが、もし理想的な裁判があるとしたら、どんなものでしょうか。岡村さんのほんとうの胸のうちをお話しいただけたらと思いますが】

私にはとてもそんなことを語る資格はないのですが、昭和五十八年のはじめ頃でしたが、研修所で担当した第二十期修習生のクラスの皆さんが、私の定年退職を記念する会合を開いて下さった、その席で挨拶代わりに、退職時の感想を話したことがありますので、それを思い出しながら、簡単にご紹介してみましょうか。

★

私の高裁における実務経験によりますと、被告人にせよ、検察側にせよ、控訴をするのは原判決に不満があるからですが、不満といっても、その本心は自分の主張に対する裁判所の対応が不十分である、あるいは不親切であるために気持が収まらない、心服できない、というのが大部分だと思われるのです。つまり、原判決が当事者を説得しきれていない、心の琴線にふれるものがない、ということです。

そこで私は、いつか読んだ『岡倉天心、人と思想』という書物の中に出てくる、つぎのようなエピソードを引用したいと思います。

岡倉天心の高弟に下村観山があった。この人は日本画の大家として横山大観と並び称される名手だったが、その下村観山が、某家からの依頼で屏風に弁財天の画を書いたことがあった。非常な苦心のすえ、ほぼそれを完成したので、天心に批判を乞うた。弁天さまの絵ですから、水辺の岩に腰かけて琵琶を弾いている構図です。

天心はしばらくこれを打ち眺め、全体の構図の巧みさ、配色の妙をたたえ、観山の努力を褒《ほ》めた後に、『しかし下村君、弁財天の奏でるばちの冴えは見られるけれども、肝心のびわの音色がどこからも聞こえてこない。それでは画として完全とはいい難い』と評した。

観山はそう言われたとたん、自分の努力の足りなかったこと、どこか調子の整いきらぬ部分のあることに思い至った。そこでさらに工夫をこらし、構図を一部改めるなどし、とくに岩の傍らに一輪の花をそえて、今度は緊張した気分で天心先生の批判を乞うた。

天心は画面をじっと見て、「あっ、これでやっと美しいびわの音が聞こえてきた。

下村君、まことにありがとう、ほんとうの画はこうありたいものだ」と言って、いかにも満足そうであった。

★

　この物語が言うように、およそ絵などの芸術作品は、形の末に忠実であったり、構図や色の配合に妙をえていても、それで完全というものではない。やはり見る者の心に訴える何ものかが必要である。

　裁判についても、これと同じようなことが言えると思います。当事者の心の琴線にふれる一輪の花を、いかにして、どのように添えるか。これを忘れていては、いかに理論的に整然とした、またいかに懇切詳細な判決であっても、なお真に適切な判決とは言い難いと思います。

　被告人を納得させるというのは、判決の中に本人を心から悔悟させるための文言を尽くすことは必ずしも必要ではない。たった一つの表現、あるいは判決全体の雰囲気、時には法廷における裁判官の態度そのものによってさえ、十分に被告人や弁護人を説得し、納得させることは可能です。要するに、その裁きに畏敬の念をもって服するという心境にさせる、ということでしょうか。

とはいうものの、やはり言うは易く行なうは難く、法曹の中には、これに対する異論もあろうかと思います。当事者の心の琴線にふれると言っても、しょせんは偶然の所産に頼るだけで、法の世界に不合理を持ちこむ、絵空ごとに過ぎない、というような声も聞こえるような気もするのです。

要するに、裁判する者の一人ひとりが、あくまで自分の研鑽の結果と良心と信念に基づいて、全人格を投入して任務を尽くすこと、そこにのみ理想的な裁判への道が開ける、ということでしょうか。

【天心と観山のお話は、まことに深い意味があると受け取りました。

五日間にわたって、まさに法と裁判の核心にふれるお話をうかがい、いろいろのことを教えていただき、ほんとうにありがとうございました】

どうも固い話ばかりで意を尽くせず、失礼いたしました。

あとがき

この対談が終わってから早くも八年、その間に日本の社会もさらに急激に変化し、治安の悪化、道義の退廃、それに伴う物質万能・無責任主義の横行など、まことに憂うべき様相を濃くしつつあります。その状況下にあって、司法部もまた国家社会のために大きく脱皮する必要に迫られたのも当然のことというべきでしょう。

平成十一年七月、内閣のもとに司法制度改革審議会が設置され、平成十三年六月に最終意見書が提示されたことは、右の要請に応《こた》えた適切な処置として各界から注目されています。

その意見書では、「自由と公正を核とする法秩序があまねく国家社会に浸透し国民の日常生活において息づくようにするために……」という表現で、司法制度改革の基本理念と法曹の役割を的確に宣言しています。

そこに示された基本構想は、実は法治国日本としての新しい司法制度が発足した昭和二十二年五月（日本国憲法の施行）直後から最も重要な国家的施策の一環として強調され実現されるべきであったのです。これらの点については、前著『裁判官の仕事』（平成十三年四月・光人社刊）のあとがきにも触れましたので参照してください。

ともあれ右に宣明された基本理念は、なによりも法曹三者の賢明な協同作業と一般国民の理解・協力とによって一日も早く実現されることが強く期待されます。

本書の中軸をなす法と裁判に関する私見は、もとより断片的表明ではありますが、その期待の実現になにほどか寄与することができれば、著者として望外の悦びであります。

本書が成るについては、元司法研修所長・東京高裁部総括判事柳瀬隆次氏から資料の提供のほか多くの有益な助言をいただきました。また出版に際しては、元就出版社社長浜正史氏その他の方々にもたいへんお世話になりました。誌して厚く御礼を申し上げます。

平成十四年十二月

岡村治信

法と裁判のこころ
——元高裁裁判長の二十一世紀への提言

2003年 3 月12日　第 1 刷発行

著　者　岡　村　治　信
発行人　浜　　　正　史
発行所　株式会社　元就《げんしゅう》出版社
〒171-0022 東京都豊島区南池袋4-20-9
サンロードビル2F-B
電話　03-3986-7736 FAX 03-3987-2580
振替　00120-3-31078
装　幀　純　谷　祥　一
印刷所　東洋経済印刷株式会社

ISBN4-906631-90-8　C 0032

元就出版社の歴史図書

三島思想「天皇信仰」
山本舜勝

三島が自裁して三十年、三島研究の第一人者が綴る大嘗祭とともに甦った三島由紀夫の遺志。三島思想「天皇信仰」は永遠の現実否定」の構造を歴史的に解明する異色の一冊。定価二、〇三九円（税込）

「暗殺主義」と大逆事件
志田行男

大逆事件の起爆剤となったジャック・ロンドンの手になる過激なるアジビラ「暗殺主義」――社会主義＝無政府主義の妖怪に脅えた明治政府の生贄となった二十四人の悲劇。定価二、五〇〇円（税込）

「二・二六」天皇裕仁と北一輝
矢部俊彦

処女作『蹶起前夜』を発表して以来十八年、遂に完成した一三〇〇枚の労作。天皇のために蹶起した青年将校と天皇に闘いを挑んだ革命家の内奥を流麗な筆致で描く野心作。定価二、六二五円（税込）